AU PEUPLE FRANÇAIS.

RÉGÉNÉRATION
FINANCIÈRE ET SOCIALE
DE LA FRANCE,

PAR

L'ÉMISSION - SOLIDAIRE.

SYSTÈME

DU

CITOYEN P. MAUBERT.

Présenté à l'Assemblée nationale par le Citoyen Henri Arnaud (du Var), Représentant du Peuple.

Prix : 50 centimes.

PARIS.

CHEZ GUILLAUMIN ET Cie, ÉDITEURS, RUE RICHELIEU, 14,

ET CHEZ TOUS LES LIBRAIRES DE PARIS ET DES DÉPARTEMENTS.

1848. — Novembre.

RÉGÉNÉRATION
FINANCIÈRE ET SOCIALE
DE LA FRANCE,

PAR

L'ÉMISSION - SOLIDAIRE.

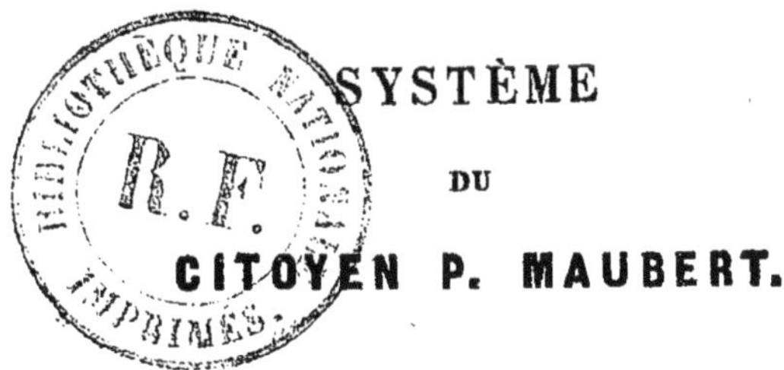

SYSTÈME

DU

CITOYEN P. MAUBERT.

Prix : 50 centimes.

PARIS.

Chez GUILLAUMIN et Cie, ÉDITEURS, RUE RICHELIEU, 14,

Et chez tous les Libraires de Paris et des Départements.

1848. — Novembre.

485

Trésor Public.

Émission-solidaire du 25 Août 1848.

Il sera payé, en espèces, au Porteur, à la centième mutation,

Cinquante Francs.

L'art. 139 du Code Pénal punit des travaux forcés à PERPÉTUITÉ ceux qui auront contrefait ou falsifié les Bons - Solidaires autorisés par la loi, ainsi que ceux qui en auront fait usage, etc.

Le Bon-Solidaire peut librement circuler dès qu'il a été visé une fois dans la journée. Il ne doit être soumis à cette formalité qu'à chaque changement de date seulement.

44

72

Les intérêts dudit effet sont payables à raison de 1 cent.1/2 par jour, soit 10 fr. 80 c. p. % par an, à partir du jour de son émission, et seront payés en espèces, au porteur, avec le capital, à la centième mutation. Chaque mutateur sera tenu de payer 50 cent. pour droits de visa, avant de transmettre le présent effet, lorsqu'il changera de date seulement. Les visas portent la date des versements ; les intérêts peuvent être comptés par les cédants aux preneurs, le Trésor ne les payant qu'au dernier porteur en remboursant le présent effet. Les intérêts ne sont payés que pour l'année de l'émission. Le présent effet est toujours reçu en paiement dans les caisses publiques.

328

VOIR AU DOS.

Le Trésor, les Receveurs généraux, particuliers et percepteurs, percevront le montant des visas.

Le timbre-visa porte le chiffre du département.

Les visas énoncent la date de la mutation.

26 Août. 1 Seine.	27 Août. 2 Seine.	5 Septembre. 3 Rhône.	4 Septembre. 4 Rhône.	7 Septembre. 5 Var.	11 Septembre. 6 Seine.	14 Septembre. 7 Moselle.	15 Septembre. 8 Moselle.	16 Septembre. 9 Meurthe.	17 Septembre. 10 Moselle.
19 Septembre. 11 Rhin.	20 Septembre. 12 Bas-Rhin.	22 Septembre. 13 Ardennes.	23 Septembre. 14 Nord.	26 Septembre. 15 Somme.	27 Septembre. 16 Seine.	28 Septembre. 17 Loiret.	etc.		

Le présent Bon est remboursable en espèces à la 100ᵉ mutation, dans les caisses publiques.

DOS DU BON.

AVANT-PROPOS.

Dans la séance du 22 septembre dernier, le citoyen Henri Arnaud (du Var), Représentant du Peuple, en déposant sur le bureau du président de l'Assemblée nationale le projet que nous publions, a prononcé les paroles suivantes :

« Citoyens Représentants, j'appelle l'attention du Comité des finances sur ce projet. Il renferme une idée neuve et dont l'application aurait d'immenses résultats. Il suffira de les signaler pour en faire comprendre l'importance. Jeter un milliard par an dans la circulation, et trouver dans cette circulation même la garantie de cette émission; trouver par des combinaisons simples et démontrées, du reste, par des chiffres, le moyen d'offrir à l'agriculture et à l'industrie les éléments de prospérité qui leur manquent; accorder 250 millions par an en primes d'exportation au commerce , 300 millions à titre de commandite gratuite ; et enfin éteindre au bout d'une période de quinze années sept milliards de la dette inscrite : tels sont les résultats promis par le projet dont j'ai l'honneur de vous entretenir.

» N'en étant pas l'auteur, je ne puis que le recommander, je le répète, à l'attention de l'Assemblée et aux méditations éclairées du Comité des finances, lequel pourrait, au besoin, faire appeler , dans son sein, le citoyen Prosper Maubert , au nom de qui je le dépose. »

En publiant cette brochure , nous avons voulu nous mettre en communion avec tous ceux qui , comme nous, comprennent la nécessité d'appliquer au mal qui nous dévore un remède énergique et puissant.

L'Assemblée n'accueille et ne fait de rapports que sur

les propositions émanées des Représentants seulement.
— Reste donc le droit de pétition : mauvaise plaisante-
rie, selon nous; et nous n'en voulons pour preuve que
l'encombrement de toutes celles qui sont enterrées dans
les cartons du Comité des pétitions, et que l'on n'exami-
nera probablement pas avant l'an de grâce 2,000.

Nous avons pensé qu'il serait bon que la génération
présente fût mise à même d'apprécier les moyens d'a-
méliorations que nous proposons à la France, en atten-
dant que le hasard vienne mettre sous les yeux de quelque membre du Comité des finances, homme de progrès, le manuscrit déposé par le citoyen Henri Arnaud,
Représentant du Peuple.

En 1844, nous écrivions au gouvernement espagnol,
aux abois , pour lui offrir notre projet financier, moins
les combinaisons qui le complètent. — En 1846, nous
l'avons encore proposé au ministre Guizot, qui déclara
être complètement étranger aux questions financières ;
en mars, quelques jours après la révolution de février,
nous déposions entre les mains du citoyen Duclerc, alors
sous-secrétaire d'état aux finances, le projet sommaire :
trois mois après, nous avions de la peine à retrouver notre
manuscrit, enfoui dans les cartons du ministère; en juil-
let dernier , nous adressions le même projet au chef du
pouvoir exécutif, qui le renvoyait , un mois après, au
ministre Goudchaux; — enfin, le 22 septembre, le citoyen Arnaud le présentait à l'Assemblée nationale ; et
nous venons, aujourd'hui, le soumettre au juge su-
prême des citoyens et des hommes d'état, des ministres
et des assemblées : AU PEUPLE FRANÇAIS.

RÉGÉNÉRATION

FINANCIÈRE ET SOCIALE

DE LA FRANCE,

PAR

L'ÉMISSION-SOLIDAIRE.

PROJET SOMMAIRE.

Régénérer les finances, c'est faire *tout le contraire* de ce qui s'est fait jusqu'ici : c'est diminuer la dette au lieu de l'augmenter ; c'est abolir l'impôt lorsqu'il est vexatoire ou onéreux.

Tout impôt perçu devrait l'être d'une manière insensible.

Jusqu'ici l'on a imposé le capital pour ainsi dire improductif : le sol, les meubles, les immeubles, en un mot, le capital dormant.

Nous pensons avoir résolu le grand problème financier, en disant que l'impôt doit, pour fonctionner sans inconvénients, sans vices, sans entraves, atteindre le *capital* dans sa *circulation*.

Ce problème, qui paraît d'abord ardu, est cependant d'une solution facile; et c'est par ce moyen seul que la France peut et doit *régénérer* ses finances et se créer des ressources telles, qu'avant quinze ans, sa dette aura cessé d'exister; qu'avant six mois tous les travailleurs seront occupés; et qu'avant un an son industrie, son commerce et son agriculture auront pris un immense développement?

La France doit *sept milliards*, dette inscrite; elle paie annuellement *trois cent cinquante millions* d'intérêts, sans espoir de jamais payer le capital.

Émettez pendant dix ans, et par annuités de 1 milliard, des bons du Trésor, que nous appellerons *Bons du Trésor par l'émission-solidaire* (Voir page 3); divisez ces annuités de 1 milliard en quatre parties égales de 250 millions chacune, à émettre trimestriellement, par coupures de *cinquante francs* et même de *vingt-cinq francs.*

Si les bons de 50 francs et de 25 francs contiennent au dos cent cases, et portent pour suscription ces mots : CINQUANTE FRANCS, OU VINGT—CINQ FRANCS, *payables en espèces, au porteur, à la centième mutation,* qu'arrivera-t-il ?

L'État, qui paie annuellement environ 2 milliards en espèces, pour le service de son budget, n'en paiera désormais plus qu'un seul en numéraire, pendant les dix années de l'émission, et paiera l'autre en bons-solidaires. De sorte qu'avec le capital numéraire, laissé libre en caisse par la substitution des bons-solidaires, l'État 1° amortira véritablement 2, 3 ou 400 millions par an de la dette publique; 2° donnera 250 millions de primes à l'exportation, sur tous les produits ouvrés et manufacturés, pour élever le chiffre des exportations, de 7 ou 800 millions qu'il est dans les années les plus prospères, à 12 ou 1,500 millions; 3° de plus, l'État aura encore au moins 300 millions pour commanditer *gratuitement* l'agriculture, le commerce et l'industrie.

Tout alors vivra de la même vie, et le bien-être général ne sera plus mis en question.

La France pourra dépenser pour elle, pour le bien de ses enfants, *un milliard* par an.

Mais le milliard de Bons-solidaires émis annuellement pendant dix ans, comment le remboursera-t-on ?

Facilement, et par une combinaison aussi simple qu'ingénieuse : par l'effet tout naturel de sa circulation. — C'est-à-dire, que tout porteur d'un Bon-solidaire ne pourra le céder, s'il ne porte déjà le *visa* du jour, qu'après l'avoir préalablement fait *viser* dans l'une des cent cases. Cette mutation donnera ouverture à un droit de *visa* de 50 cent. pour un Bon de 50 fr., et de 25 cent. pour un Bon de 25 fr.

Il est facile de voir qu'une fois que le Bon aura subi cent mutations, ou cent visas, ayant produit chacun 50 cent. ou 25 cent., la totalité de ces petites sommes représentera bien en caisse la valeur intrinsèque du Bon ; et c'est alors seulement que le Trésor paiera, comme il est stipulé sur le Bon , 50 ou 25 francs en espèces, au porteur, à la centième mutation ; car provision sera véritablement faite et le paiement du Bon ne pourra jamais être différé.

C'est la SOLIDARITÉ PUBLIQUE qui est ici la *garantie* de ces Bons; et cette garantie, qui est la plus sérieuse et la moins contestable de toutes, n'avait jamais été invoquée.

C'est donc bien le capital atteint dans sa circulation.

Cet impôt, d'où découlent d'immenses avantages, n'est ni vexatoire ni onéreux; il est *indirect-proportionnel* et passera inaperçu.

Cet impôt sera, du reste, compensé en partie par l'intérêt de 10 fr. 80 c. p. 0/0 par an afférent aux Bons, ainsi qu'il sera expliqué plus loin.

RÉGÉNÉRATION FINANCIÈRE ET SOCIALE

DE LA FRANCE.

I.

Dix milliards à émettre en dix ans, par annuités d'un milliard : chaque annuité émise trimestriellement par quart de 250 millions. — Amortissement de la Dette. — Gratuité du Crédit.—Reprise du Travail. — Exportation forcée.

La confiance est la base du crédit ; et cette confiance la France doit la trouver parmi ses *seuls* habitants, naturellement intéressés à asseoir la puissance du pays et les institutions sur lesquelles cette puissance repose.

C'est donc à eux seuls qu'est réservée la mission de restaurer les finances de l'Etat ; de faciliter ainsi les moyens d'éteindre successivement la dette publique et de prévenir la création de nouveaux impôts, en réduisant au contraire pour l'avenir les impôts actuellement en perception.

De quoi s'agit-il ? — De créer des Bons du Trésor, par l'émission-solidaire, de *Cinquante francs* et même de *Vingt-cinq francs*, afin d'en faciliter l'usage et la circulation.

Ces Bons seront émis annuellement jusqu'à concurrence d'un Milliard, sans que l'Etat ait jamais à les restituer ; cependant ces Bons seront promptement remboursés aux porteurs, aux conditions plus bas énoncées.

Ces Bons produiront intérêt à raison de 10 fr. 80 c. pour cent l'an, soit 1 centime 1/2 par jour, payables à l'époque du remboursement du Bon, si ce remboursement n'avait pas lieu avant un an, les intérêts n'étant payés que pendant l'année de l'émission seulement. Le remboursement des Bons pourra toujours être demandé quel que soit le temps écoulé depuis leur émission ; mais dans ce cas, ces Bons devront toujours avoir subi *Cent Mutations*, et chaque mutation donnera ouverture, à chaque changement de date, à un droit de visa de cinquante centimes pour les Bons de *Cinquante Francs*, et de vingt-cinq centimes pour ceux de *Vingt-Cinq Francs* ; de sorte que l'intérêt qu'aura produit le Bon après trente jours compensera presqu'entièrement le droit de visa.

Ces titres seront donc remboursables en espèces, au porteur, à la centième mutation ou transmission, et devront, comme on l'a déjà dit, passer par les formalités sus-indiquées et mentionnées sur lesdits Bons.

Pour rendre notre proposition plus sensible, nous annexons ici le modèle *du Bon*, tel qu'il serait délivré par le Trésor. (*Voir page 3.*)

Il est facile de se convaincre qu'une fois le milliard émis, ce titre aura, par sa circulation toute naturelle, une garantie double et sans égale dans les annales du crédit. En effet, chaque visa, encaissant la centième partie du Bon, soit 50 cent. pour les Bons de cinquante francs, ou 25 centimes pour ceux de vingt-cinq francs, il est bien évident qu'à la centième mutation, les fonds représentant la totalité desdits Bons seront encaissés par le Trésor, qui pourra dès lors payer, c'est-à-dire rembourser le capital, plus les intérêts au dernier porteur, comme il est dit sur le Bon.

Ainsi, chaque annuité de l'émission servira à éteindre une partie de la vieille dette, à payer les primes à l'exportation et à commanditer gratuitement les grandes industries manufacturières et agricoles, sans qu'il en coûte un centime à l'Etat.

Dans tous les cas l'amortissement ne sera plus un leurre, mais une vérité. En diminuant la dette, on diminue les intérêts à payer, et par suite les impôts directs ou indirects sur lesquels on les prélève.

Jusqu'ici tous les emprunts, sous quelque forme, sous quelque dénomination qu'ils aient été créés, n'ont fait qu'augmenter la dette, et sont en partie la cause que les impôts depuis 1830 sont presque doublés.

Par le système de l'émission-solidaire, pas de comptabilité embrouillée, pas d'impôt sur les revenus, pas de billets à rente, pas d'argenterie à fondre, pas de bons hypothécaires, pas d'impôt sur le luxe, enfin pas de nouvelles charges.

Par l'émission-solidaire, le problème de l'impôt proportionnel est résolu, car ceux qui posséderont des Bons, paieront des droits de visa, qui ne s'élèveront en moyenne qu'à cinq centimes par Bon, et relativement au nombre qui leur en passera dans les mains. C'est ainsi que ceux qui possèdent paieront sans s'en douter.

Des objections sérieuses ne peuvent s'élever relativement au droit de visa. — Ce léger sacrifice que s'imposeront les preneurs, au plus une fois sur dix, sera largement compensé par les avantages suivants :

1° Intérêts à **10 fr. 80** cent. p. 0/0 par an, soit 3 cent. par jour;

2° Amortissement *vrai* de la dette en quinze ans.

3° Primes considérables à l'exportation. (*Voir page* **31.**)

4° Gratuité du crédit, et reprise du travail.

De toutes ces choses capitales découlent la confiance, le crédit et le bien-être général; la conviction pour tous que désormais chacun paiera proportionnellement aux capitaux qu'il fera valoir; que cet impôt indirect-proportionnel amoindrira forcément l'impôt d'année en année : combinaison qui, en sauvant financièrement le pays, lui rendra en avantages de toutes sortes bien au-delà de ce qu'il aura payé pour les droits de visa.

L'émission sera on ne peut plus facile : l'Etat, au lieu de vider ses caisses pour payer l'Armée, la Marine et l'Administration, pourra émettre trimestriellement 250 millions en les distribuant aux payeurs de la République qui auront à les répartir. Les espèces destinées à ces paiements resteront alors dans les Caisses de l'Etat pour en faire l'usage précédemment indiqué.

Si l'on considère qu'un Bon, par l'intérêt qu'il produit en trente-deux jours, couvre entièrement son visa, on restera convaincu, comme nous l'avons dit plus haut, que ce droit passera presqu'inaperçu.

S'il est bien établi que cette combinaison doit éteindre en quinze ans la dette publique, qui est de **7** milliards, (*Voir le tableau page* 31), la nation tout entière aura singulièrement amélioré sa position. — Un état bien organisé doit vivre comme une maison de commerce bien dirigée; — s'il a des dettes, il a aussi son compte de profits et pertes. Aujourd'hui ce n'est que par des impôts successivement prélevés, et quelquefois forcés, que l'on parvient à établir une balance qui porte presque toujours un cachet de mauvaise gestion.

Comparé à toutes les valeurs possibles le Bon par l'émission-solidaire, offre des garanties et des avantages incontestables : — à la centième mutation il est échu, l'argent est là; — il produit un intérêt de **10** fr. 80 cent. p. 0/0 l'an; et sa garantie est dans la *solidarité publique*, garantie à laquelle personne ne songeait, et qui est pourtant la plus sérieuse de toutes.

C'est-à-dire, que la France, en régénérant les finances par l'émission-solidaire, assisterait au grand banquet de la circulation; et que des miettes qu'elle recueillerait et qu'elle restituerait au pays, elle aurait créé pour un certain nombre d'années un impôt considérable et cependant inaperçu, qui lui permettrait de se sauver financièrement.

L'État recevra toujours dans les caisses publiques les Bons de l'émission-solidaire, quel que soit le nombre de visas dont ils auront été couverts; — mais il aura toujours la faculté de les émettre, tant qu'ils n'auront pas atteint cent visas, c'est-à-dire l'époque de leur remboursement en espèces.

Le billet de banque, qui ne produit rien, est cependant, sans que l'on s'en doute, soumis aux mêmes conditions, sans présenter ni les mêmes avantages, ni les mêmes garanties. — Un billet de banque de 100 fr., lorsqu'il a été présenté chez le changeur quatre cents fois, s'est reproduit par les 25 cent. du change, et ces droits ne profitent qu'à l'agiotage. Il en est de même du billet de 500 francs qui, échangé contre espèces à la Banque trois mille trois cent trente-trois fois, s'est reproduit par les 15 centimes du sac.

N'est-il pas évident qu'il n'existe pas de valeurs plus commodes et moins coûteuses pour couvrir des correspondants en province? — Pas de change de place, pas de doute sur la solidité du titre, pas d'escompte onéreux; rien que 50 ou 25 cent. pour droits de visa, payés par celui qui reçoit. — Et cela pour arriver à éteindre la somme énorme de 7 milliards de dette, et favoriser, par la commandite gratuite et de fortes primes à l'exportation, l'agriculture, le commerce et l'industrie !

Le milliard, émis tous les ans, resterait donc à l'Etat intégralement, sauf les intérêts pour faire face à l'amortissement de la dette, aux primes à l'exportation et à la commandite gratuite.

L'émission-solidaire est en outre un moyen certain de dégrever le contribuable et le travail, et d'arriver une fois pour toutes à améliorer le sort des classes laborieuses.

Enfin, l'émission-solidaire est tout simplement le capital atteint par l'impôt dans sa circulation, capital qui d'habitude n'est frappé que lorsqu'il est improductif et stagnant.

La crise financière et commerciale ne peut que s'aggraver parce que la confiance et le crédit n'existent plus.

Utiliser les bras inactifs dans les centres manufacturiers et dans les ports de mer, donner la vie à l'industrie, au commerce et à l'agriculture, tel est le but que nous nous sommes proposé.

Sur le milliard produit par l'émission-solidaire, et que le trésor ne rembourse qu'avec les fonds provenant des visas, 250 millions seront alloués, comme nous l'avons dit, à l'exportation des marchandises ouvrées et manufacturées. Les fabricants, les armateurs et les négociants se trouveront largement allégés, les uns pour les frais d'armement, les autres pour les livraisons au rabais. — Bientôt le chiffre des exportations atteindra une somme relative aux primes allouées; car, 250 millions répartis à raison de 20 p. 0/0 en moyenne, donneraient 1,250 millions d'opérations et faciliteraient en partie l'écoulement des marchandises constamment entassées dans les centres manufacturiers.

Nous avons dit que les Bons-solidaires produiraient 10 fr. 80 cent. p. 0/0 par an.

L'Etat cependant n'aurait véritablement pas à payer plus de 3 1/2 p. 0/0 par an; car le milliard encaissé produirait déjà, à 5 p. 0/0, 50 millions d'intérêts par an; en prenant une moyenne de six mois, il produirait 25 millions. — D'un autre côté, les droits de visa dans leur mouvement de rentrée à sortie, et pendant leur séjour dans les caisses du trésor, produiraient, en compte-courant, au moins 1 1/4 p. 0/0. Il ne resterait donc véritablement que 3 1/2 p. 0/0 à peu près, à la charge de l'Etat, pour atteindre les 10 fr. 80 cent. p. 0/0, montant des

2·

intérêts annuels à payer pour chaque annuité de l'émission-solidaire. — C'est-à-dire que l'Etat aurait à payer annuellement, en moyenne et à titre d'intérêts, une somme de 16 millions et 500 mille francs pour un encaisse de 1 milliard. (*Voir* le tableau, page 31.)

Le milliard provenant de cette émission pourrait être réparti tous les ans comme il est dit au tableau, page 31.

Les ressources du Trésor sont insuffisantes pour parer aux éventualités; les contribuables sont peu disposés à payer de nouveaux impôts; des ressources instantanées sont pourtant urgentes. — La comptabilité demande à être simplifiée, car les impôts dont on pourrait grever le pays ne permettront jamais à l'administration d'économiser sur ses frais généraux.

L'état-major administratif coûte annuellement en France 280 millions. Par le système de l'émission-solidaire on peut, en dépensant au plus 3 millions, faire tous les ans une recette de 1 milliard, soit un dixième de l'émission totale.

Ainsi, en examinant le tableau page 31, l'on reste bien convaincu que la dette publique, qui s'élève à 7 milliards de francs, peut être remboursée au bout de quinze années, et les impôts dégrevés par cela même de 350 millions, à partir de cette époque; d'ici là, ils diminueraient annuellement du montant des intérêts que l'on aurait eu à payer pour les sommes qui seraient véritablement et progressivement amorties.

Les primes à l'exportation assurent et garantissent du travail à tous les travailleurs, et les fonds destinés à la commandite gratuite stimulent les grandes industries,

ravivent.les petites et leur assurent des bénéfices considérables.

Donc le milliard payé annuellement pendant dix ans
et d'une manière presqu'inaperçue par tout le pays, lui
fait retour, mais par des moyens qui ne peuvent lui être
vraiment profitables que par l'émission-solidaire.

II.

Les Bons-Solidaires ne sont pas un papier-monnaie.

On ne peut assimiler les Bons-solidaires au papier-
monnaie, quel qu'il soit; car le papier-monnaie repré-
sente une valeur purement conventionnelle, sans
échéance, qui n'est jamais réalisable en espèces dans les
caisses publiques, et qui repose sur des garanties
plus ou moins douteuses. Les Bons-solidaires sont
placés dans de bien meilleures conditions puisqu'ils sont
remboursables, en espèces, au porteur, à la caisse du
Trésor et des receveurs, à la centième mutation; — c'est-
à-dire, que l'échéance en est pour ainsi dire fixe et
facultative en même temps. De plus les Bons-solidaires
rapportent 10 fr. 80 cent. p. 0/0 d'intérêts par an,
avantages que n'a pas le papier-monnaie.

On peut donc assurer que les bons du Trésor par
l'émission-solidaire seront bien préférables à l'argent
monnayé, tant à cause des intérêts qu'ils produiront que
par leur facile réalisation en espèces, soit dans la circulation, soit dans les caisses publiques. En effet, au
centième visa, c'est-à-dire à l'échéance, provision est
faite et le porteur peut en toucher le montant, capital
et intérêts, depuis le jour de l'émission.

Donc les Bons-solidaires n'étant pas un papier-monnaie, seront bien appelés : *monnaie-papier*.

Et d'ailleurs le papier-monnaie émis en grande quantité dans la circulation, tendrait à faire émigrer le numéraire ; la *monnaie-papier*, c'est-à-dire les Bons-solidaires, provoque au contraire la rentrée des espèces dans les caisses publiques, par le paiement des visas indispensables à leur circulation.

III.

La Solidarité, c'est la fraternité mise en pratique.

La régénération financière par l'émission-solidaire n'est pas seulement une amélioration isolée que nous voulons introduire dans le pays. C'est plus que cela,— c'est la base d'une régénération sociale tout entière, et qui peut avoir lieu sans inconvénient, sans commotion. Le progrès en toute chose ne peut s'obtenir qu'à l'aide d'immenses sacrifices ; et ce qui fait l'épouvante des hommes qui n'ont pas étudié la question sociale, c'est la divergence des moyens employés jusqu'ici par les socialistes pour atteindre un but commun. Les péripéties quelles qu'elles soient ne sont pas du goût des gens paisibles. Aussi ferons-nous du socialisme vrai, du socialisme bien-entendu ; et nous pourrions même dire — à ceux que le mot effraie : — c'est du socialisme *bourgeois* que nous voulons faire, et qu'à l'aide de bons raisonnements et de chiffres, nous espérons faire aimer par la grande majorité des Français, qui ne demandent, après tout, que le bien-être général, la concorde et la tranquillité.

En fait de socialisme, nous proposons, nous, la régénération sociale de la France par les finances ; et si nous signalons le mal nous indiquons aussi le remède.

Quelques éclaircissements sur l'émission-solidaire, sont indispensables pour l'intelligence du système.— Et d'abord, la dénomination d'émission-solidaire est bien celle qui convient pour désigner la nature de l'opération. En effet, il y a d'abord *solidarité* entre l'État et le pays tout entier ; puis il y a *solidarité* entre tous les Français ; car tous sont appelés à parfaire au marc-le-franc, quand ils en possèdent, les fonds des Bons-solidaires pour rembourser les derniers porteurs par l'intermédiaire des caisses publiques et du Trésor.

Ceci dit, et l'émission-solidaire acceptée comme base régénératrice d'un nouveau système d'administration, de perception et de distribution, conduit infailliblement et sans embarras à la solution tant demandée , que la Révolution de Février a remise en question, et qui peut se formuler ainsi :

Abolissez complètement l'impôt au lieu de l'augmenter, abandonnez votre système d'emprunt ruineux, sous quelque prétexte que ce soit ; et si vos dépenses s'élèvent annuellement à *deux milliards de francs*, émettez annuellement *deux milliards de bons-solidaires*, pour atteindre ce chiffre d'impôts sur le capital dans sa circulation (1).

Que vous réalisiez 2 milliards par ce moyen qui est simple, économique et qui n'a rien de vexatoire ni d'o-

---

(1) Si le capital roulant est de 30 milliards dans l'année, vous en atteindrez autant que vous voudrez, — soit 1/30ᵐᵉ pour 1 milliard, 1/15ᵐᵉ pour 2, etc. Les contribuables paieront ainsi leurs impôts par petites parcelles et ne s'apercevront pas d'un sacrifice que, dans tout autre système, ils font toujours avec plus ou moins d'embarras;

néreux, ou que vous les recrutiez par cent moyens di-
vers, et qui sont tous, ou vexatoires ou onéreux pour le
contribuable comme pour l'État, c'est absolument la
même chose , quant aux résultats , mais cela diffère
beaucoup dans la mise en pratique.

Par l'émission-solidaire, l'impôt arrive dans les caisses sans se faire appeler, c'est-à-dire, sans le concours des
bulletins verts, blancs ou rouges, des hommes de lois
et des huissiers ; car celui qui paie possède nécessaire-
ment, il ne peut le nier ni se plaindre, puisqu'il a entre
les mains des valeurs sérieuses et réalisables ; tandis
que les impôts, tels que nous les ont faits les vieux sys-
tèmes de perceptions, ne rentrent pas toujours très exac-
tement ; souvent ils ne rentrent pas du tout ; — et la
cause en est bien simple : c'est que celui qui n'a pas pour
vivre ne peut pas avoir pour payer. Toutes nos campagnes
en sont là, quand la récolte est mauvaise, ou quand,
par suite de l'abondance même de la récolte, les produits
sont invendables ou avilis. Les villes en sont encore là,
dès que le commerce et l'industrie souffrent ou sont
paralysés par des crises qui prennent toujours leurs
sources dans la misère et le malaise des populations
industrielles et agricoles.

Qu'un plan financier lucide vienne en aide aux hommes d'Etat, que les ressources du pays soient une fois
pour toutes définitivement assurées, et l'avenir se mon-
tre brillant et fécond à la France républicaine.

IV.

Réponse à quelques objections.

Il est essentiel de répondre à quelques observations

qui pourraient nous être faites, sur l'organisation de notre système et sur son mécanisme.

Nous avons dit, par exemple, qu'un Bon–solidaire du Trésor contenait au dos cent cases destinées à recevoir cent *visas*; il est à présumer que ce Bon ne sera pas couvert de cent *visas* avant cent quatre-vingts jours, soit six mois; — il sera donc visé une fois, au moins, tous les deux jours, et peut-être, ce qui est probable, une fois par jour; car il n'est pas obligatoire pour le porteur de faire viser le Bon lorsqu'il lui arrive dans le courant d'une journée, s'il a été déjà visé. (*Voir* le Bon.) Dès que le Bon énonce la date du jour, il peut librement circuler jusqu'au lendemain sans repasser par la même formalité; ce n'est qu'alors seulement, ou plus tard, s'il est remis en circulation, qu'il sera visé de nouveau et toujours à la date du jour où il sera transmis pour la première fois. Or, si le Bon circule, en moyenne, chez dix individus dans un seul jour, celui qui parmi les dix l'aura fait viser, recevra donc en moyenne, et dans un délai quelconque, dix Bons pour un seul qu'il aura fait viser. On peut donc déduire de ce qui précède que le droit de *visa* ne s'élèvera véritablement pour chaque possesseur de Bons qu'à la modique somme de 5 centimes pour chaque Bon qui lui passera entre les mains, et les centimes produits par les intérêts établiront presque une compensation.

On dira peut-être : mais les industriels, les commerçants peuvent recevoir, dans le courant d'une année, 2, 3 ou 400 mille francs de Bons-solidaires? — Tant mieux pour eux! C'est que leurs affaires seront prospères; car s'ils reçoivent 400 mille francs de Bons, et qu'ils reçoivent dans les mêmes proportions des traites

et des billets à ordre, autant en espèces et en billets de
banque, c'est qu'ils opèrent sur des millions, et les impôts qu'ils paient doivent être considérables. Mais s'il est
vrai qu'ils ne subissent les droits de *visa* que pour le
dixième seulement des Bons qui passent dans leurs
caisses, c'est le droit sur 40,000 francs seulement qu'ils
auront à payer et non pas sur 400,000 francs ; à 1 p. 0/0,
cela fait 400 francs ; et comme ils ne s'en dessaisi-
ront pas immédiatement, ils encaisseront les intérêts
produits par tous ces Bons pendant le temps qu'ils les
auront conservés par devers eux. Mais en admettant
qu'ils n'aient touché que les intérêts de vingt jours en
moyenne, soit 240 francs, pour les 40,000 qu'ils ont
fait viser, ils n'auront après tout payé qu'une faible
somme de 160 francs. Mais les impôts ne diminueront-ils
pas progressivement pour eux, comme pour les autres ?
Mais s'ils ont fait d'immenses affaires, puisqu'ils ont pos-
sédé en Bons-solidaires seulement, la somme énorme
de 400,000 francs, ne peut-on pas présumer que la
confiance et le crédit auront fait leur réapparition ? Ces
négociants, ces industriels, n'auront-ils pas fait des bénéfices qui n'auraient pas eu lieu sans cela, et qui seront
proportionnés à leur chiffre d'opérations ? Le bien-être
ne doit-il pas couvrir le sol de la France par l'émission
annuelle des bons du Trésor par l'émission-solidaire ?
Ceux qui auront beaucoup produit n'auront-ils pas
une plus large part dans les 250 millions de francs de
primes allouées par l'Etat ?

Nous allons plus loin : — nous supposons un instant
les fabricants et les industriels n'ayant pas un centime
pour donner la vie à leurs métiers, à leurs fabrications.
Quel sera leur langage ? — Vous nous donnez, diront-

ils à l'Etat, des primes très fortes, c'est vrai : mais il nous faut tout mettre en mouvement ; nous avons des achats à faire en matières premières, et si nous occupons les ouvriers, ou si nous nous les associons, comment les paierons-nous? Nous n'avons pas d'argent. Les banquiers et les notaires sont là, sans doute, mais si nous allons vers eux, tous nos bénéfices, toutes nos primes seront absorbés par le paiement des intérêts.

Mais la commandite gratuite et annuelle de 300 millions aidant, l'Etat répondra aux industriels et aux fabricants: — Vous avez un immeuble, un mobilier industriel, vous aurez des produits: voilà des capitaux pour rien; donnez-nous une garantie sur votre immeuble, sur votre mobilier industriel ou sur vos produits; et par le moyen des primes que nous vous paierons, vous aurez la possibilité de vous libérer envers nous, car vous avez cinq ans pour nous rembourser.

L'Etat en procédant ainsi, rendra bien autrement service à la France qu'en allouant quelques millions pour aider les associations entre ouvriers et patrons dans quelques industries; il régénérera complètement l'industrie, le commerce et l'agriculture, sans embarras et sans rien bouleverser.

Les hommes d'argent ne doivent point s'alarmer de cette innovation. L'Etat ne commanditant gratuitement que les grandes industries et les associations d'où découle tout crédit pour les petites industries, le petit commerce trouvera un accès désormais plus facile chez les banquiers, et partant de l'argent à meilleur marché. Ce n'est donc que par la multiplicité des opérations de banque et d'escomptes que les agioteurs pourront continuer leur chiffre d'opérations en même temps qu'ils seront heureux et contents de reporter toute leur sollicitude sur le petit commerce et les petites industries.

Ainsi, loin de nuire au crédit, cette mesure ou plutôt ce système, qui le généralise en le régularisant, ne fait que l'accroître et le consolider.

Prenons un autre exemple. — Un propriétaire possède un immeuble de 120 mille francs, loué à dix locataires payant chacun 600 francs de loyer par an. Si les affaires sont bonnes les termes seront bien payés; car tous les bras, toutes les intelligences trouveront une occupation lucrative, chose qui ne peut avoir lieu que par les combinaisons résultant de l'émission-solidaire. Or, si chaque locataire paie son terme avec trois Bons de cinquante francs, il aura l'intérêt couru depuis le jour qu'il est en possession des Bons, puis il paiera pour ces trois Bons, un franc cinquante centimes de visa ; et le propriétaire, en admettant qu'il ait reçu tous ses loyers en trente Bons de cinquante francs, paiera, s'il ne les fait circuler le même jour, le montant de trente visas, c'est-à-dire quinze francs. A son tour, il percevra l'intérêt des trente Bons, ou du moins il les comptera comme tous les cédants aux preneurs, si les Bons ne sont pas encore exigibles dans les caisses publiques et par conséquent couverts de cent visas.

L'impôt indirect-proportionnel est parfaitement défini dans cette manière de percevoir l'impôt; et c'est ainsi, que tous, négociants, industriels, propriétaires, cultivateurs, rentiers et travailleurs, paieront proportionnellement et sans se plaindre, car ils paieront sans s'en apercevoir. Par contre, les impôts des propriétaires décroîtront annuellement, au lieu d'augmenter; ils auront de plus la certitude d'encaisser leurs loyers à jour fixe, ce qui ne peut qu'augmenter la valeur de leurs maisons, occupées désormais par de bons locataires.

Aujourd'hui l'ouvrier est électeur, éligible, et cependant l'impôt direct ne l'atteint pas. Il aura désormais, avec la certitude d'un travail continu et bien rétribué, la satisfaction personnelle de participer, pour une bien faible somme, il est vrai, aux charges de l'Etat. Si l'ouvrier reçoit douze cents francs dans l'année, sur lesquels six cents francs en Bons de vingt-cinq francs, ou de cinquante francs, en supposant qu'il ne les mette pas en circulation le jour même qu'il les a reçus, après avoir compté les quelques intérêts qu'ils auront produits, il paiera au plus 2 francs par an de droits de *visa*. Mais les impôts indirects venant à diminuer, ne retrouvera-t-il pas une large compensation à ce léger sacrifice? ne sera-t-il pas assuré d'un travail lucratif et certain?

C'est ainsi que tous les citoyens français qui jouiront annuellement, et pendant dix ans, du milliard équitablement réparti par l'Etat, subviendront aux charges du pays, et retrouveront, en échange de quelques centimes, en travail et en améliorations de toutes sortes, cent fois, peut-être, la valeur d'un léger sacrifice qui passera toujours inaperçu et qui véritablement n'en est pas un.

Présenter comme un inconvénient la peine d'aller faire viser les Bons, serait ne pas comprendre les ressources du système nouveau que nous proposons. En effet, comment pourrait-on mettre en balance tous les avantages déjà signalés avec la peine d'une course de quelques minutes, tous les dix jours peut-être, et que l'on peut d'ailleurs faire faire par un commis, un employé ou toute autre personne ? Et d'ailleurs ne va-t-on pas chez les banquiers pour escompter des traites ou des billets, et n'y retourne-t-on pas jusqu'à dix fois, s'y traîner à plat-ventre, pour y toucher des espèces à un taux usuraire ? Ne voit-on pas très souvent la moitié, les trois quarts des valeurs portées sur un bordereau en être évincées? Ne va-t-on pas souvent y chercher du papier sur la province, que l'on achète très cher et qui n'est pas toujours bien payé ?— Ne va-t-on pas à la Banque échanger des billets contre des espèces, et n'en revient-on pas avec un sac assez lourd que l'on paie 15 centimes ? Cette objection n'en est donc pas une, surtout dans les provinces où les receveurs habitent presque toujours au centre des villes.

Rien n'est plus simple, rien n'est plus clair et rien n'est donc plus à même de rétablir les affaires, la confiance et le crédit, que l'émission-solidaire.

La base du système est une, invariable; on peut y apporter des additions ou des modifications, mais ce n'est que par une étude longue et consciencieuse, et lorsque l'on vient à découvrir les résultats et les ressources sans limites de ce travail vraiment nouveau, que les économistes de tous les temps ont en vain cherchés, que cette combinaison, qui tout d'abord semble abstraite et compliquée, paraît des plus simples. Après un court examen, on est surpris de n'avoir pas découvert plus tôt une chose si naturelle, mais qui est cependant le contraire de tout ce qui s'est fait jusqu'ici en matière d'économie politique, industrielle et sociale.

CONCLUSION.

On dit que l'argent est le nerf de la guerre; il fait donc la force et la richesse des nations quand il est employé par des hommes habiles qui veulent le bien, la gloire et la prospérité de leur patrie.

Le crédit et l'argent sont tellement indispensables dans un pays civilisé, qu'à l'heure qu'il est si la République pouvait disposer d'un milliard par an, l'Assemblée nationale n'hésiterait pas à proclamer le *droit au travail,* puisqu'elle aurait la certitude de pouvoir le rétribuer. La République n'hésiterait pas davantage à se lancer dans une politique hardie et généreuse qui ne peut plus être la même dès que les finances viennent à manquer. Les hommes d'Etat sont pour le moment comme des négociants sans ressources; leur esprit est constamment à la torture; ils ne se soutiennent que par des revirements et des manœuvres qu'ils croient habiles. Moins de ruses gouvernementales, et un peu plus de numéraire en caisse, donneraient un résultat certainement préférable, car cette intelligence des espèces tout le monde la comprendrait, puisqu'elle agirait en France dans l'intérêt de tous.

Nous avons dit, et nous répétons, que le Bon du Trésor par l'émission-solidaire n'est pas un papier-monnaie; nous allons en donner une dernière preuve. Le billet à ordre peut-il être considéré comme un papier-monnaie? Non. — Le billet à ordre est une valeur de circulation par voie d'endossement, à échéance fixe. Le Bon-solidaire est aussi une valeur de circulation qui a son échéance fixe, puisqu'elle arrive au centième visa;

cette échéance devient alors facultative, et le remboursement en espèces ne peut en aucun cas faire défaut.

Le Bon—solidaire n'est donc pas un papier-monnaie,
car celui-ci n'a pas d'échéance et n'est jamais réalisable
en espèces dans les caisses publiques. Le Bon-solidaire
tient donc du numéraire et du papier-monnaie, et c'est
ce qui nous le fait désigner sous la qualification, qui lui
convient parfaitement du reste, de *monnaie-papier*.

Il nous reste à dire que la garantie donnée par l'Etat
au pays, consisterait dans une commission composée de
vingt-cinq membres choisis parmi les Représentants du
Peuple, les négociants, les fabricants, les chefs d'industrie et les délégués d'ouvriers.

Cette commission serait constamment en communica-
tion avec l'administration du Trésor, et la comptabilité gé-
nérale pour cette partie de l'administration serait pla-
cée sous le contrôle des membres de service délégués.
Tous les mois les comptes seraient arrêtés et paraphés
par la commission et soumis à l'examen du public par
la voie des journaux.

Après cela, le système régénérateur des finances que
nous proposons, n'est pas de ceux que l'on examine et
que l'on comprend en quelques heures. Nous avons mis
dix ans à l'étudier et à le créer ; s'il ressemblait à tout ce
qui s'est fait jusqu'ici, rien ne serait à discuter, rien par
ce moyen ne serait à régénérer. Nous ne demandons
qu'une chose aux financiers, aux hommes d'État, à la
presse, au public en général, c'est de porter sur notre
travail un regard investigateur et de nous juger avec
sévérité et équité.

Tableau indiquant le mouvement du capital de l'émission-solidaire, de sa répartition pendant 15 ans, en amortissement, en primes et en commandite gratuite.

ANNÉES.	CAPITAL des annuités, des BONIS et de la rentrée de la commandite gratuite.	INTÉRÊTS en moyenne.	INTÉRÊTS des visas.	CAPITAL général.	INTÉRÊTS des annuités en moyenne à payer.	AMORTISSEMENT vrai DE LA DETTE.	DIMINUTION des impôts.	PRIMES à l'exportation.	COMMANDITE gratuite.	BONIS annuels.
1	1,000,000,000	25,000,000	12,500,000	1,037,500,000	54,000,000	250,000,000	12,500,000	250,000,000	300,000,000	183,500,000
2	1,183,500,000	29,587,500	12,500,000	1,225,587,500	54,000,000	300,000,000	27,500,000	250,000,000	300,000,000	321,587,500
3	1,321,587,500	33,039,687	12,500,000	1,377,127,187	54,000,000	350,000,000	45,000,000	250,000,000	300,000,000	423,127,187
4	1,423,127,187	35,578,129	12,500,000	1,471,205,316	54,000,000	400,000,000	65,000,000	250,000,000	300,000,000	467,205,316
5	1,467,205,316	36,680,132	12,500,000	1,516,385,448	54,000,000	450,000,000	87,500,000	250,000,000	300,000,000	462,385,448
6	1,762,385,448	44,059,636	12,500,000	1,818,945,084	54,000,000	600,000,000	117,500,000	250,000,000	300,000,000	614,945,084
7	1,914,945,084	47,873,627	12,500,000	1,975,318,711	54,000,000	750,000,000	155,000,000	250,000,000	300,000,000	621,318,711
8	1,921,318,711	48,032,967	12,500,000	1,981,851,678	54,000,000	900,000,000	200,000,000	250,000,000	300,000,000	477,851,678
9	1,777,851,678	44,446,291	12,500,000	1,834,797,969	54,000,000	975,000,000	248,750,000	250,000,000	300,000,000	255,797,969
10	1,555,797,969	38,894,949	12,500,000	1,607,192,918	54,000,000	1,003,192,918	298,909,633	250,000,000	300,000,000	—

Les 1,500 millions de la Commandite gratuite, provenant du remboursement des cinq dernières années, serviront annuellement à amortir le milliard restant dû sur la dette inscrite. Les 500 millions restant pourraient être employés à créer dans chaque chef-lieu d'arrondissement un asile de la vieillesse.

Nous n'hésitons pas à déclarer dans notre conviction que le salut de l'Europe est dans sa régénération financière et sociale. Quel que soit le chiffre de sa dette, chaque nation a chez elle, par le système de l'émission-solidaire, le moyen de se libérer complètement dans un temps donné, sans qu'il lui en coûte rien, mais bien au contraire en voyant tout prospérer. Nous ne prendrons qu'un exemple : l'Angleterre dont la dette énorme est de vingt-huit milliards. Par l'émission-solidaire, à raison de deux milliards par an, sa dette pourrait être complètement amortie en 18 ans et ses impôts exorbitants seraient réduits de 1,400 millions chaque année. Cet exemple seul suffira pour faire apprécier les avantages immenses du système régénérateur des finances par l'émission-solidaire.

Pour paraître incessamment :

HISTOIRE

POLITIQUE ET FINANCIÈRE DE LA RÉPUBLIQUE,

DEPUIS LE 24 FÉVRIER,

Par les Citoyens P. Maubert et E. Mouttet.

4 vol. in-8°.

ÉTUDES SOCIALES.

DE LA PROSTITUTION EN FRANCE,

ET

DE SES FUNESTES CONSÉQUENCES SUR LA SOCIÉTÉ,

Par le Citoyen P. Maubert.

1 vol. in-8°.